BOBOS CÂLINS

maman, je m'embête !

Illustrations et texte
VÉRONIQUE CHÉNEAU

nathan

- Maman, je m'embête !
Je ne sais pas quoi faire... Dis,
tu joues avec moi ? demande Camille.

Mais maman est très occupée. - Tout à l'heure, mon Camille. Tu pourrais peut-être ranger ta chambre, en attendant ?

- J'en ai marre !
Tu n'as jamais le temps de jouer avec moi !
Et puis, c'est pas une bonne idée
de ranger ma chambre !

Camille s'en va en ronchonnant.
Il fait exprès de claquer la porte.
Il donne des coups de pied dans ses jouets
et jette son ours par terre...

Maman n'est pas contente :
- Je ne jouerai pas avec un Camille grognon !
Tu vas ranger tes jouets,
et quand tu seras plus gentil, tu viendras me voir !

Tout seul, Camille se met à pleurer.
Il serre très fort son ours et lui demande pardon.
- Heureusement que tu es là !
Tu vas m'aider à ranger, d'accord ?

- Bon, je commence par le lit !
Camille tape sur son oreiller. En tirant la couette, il entend quelque chose tomber par terre...

- Mon Panpan qui dormait au fond du lit !
Pauvre lapin, tes oreilles sont toutes tordues...
Je finis de ranger et après, je m'occupe de toi !

Camille veut fermer son coffre à jouets.
Il s'assied dessus, mais tout à coup...
Crâââc... Crac ! Le couvercle se coince !
- Oh là là ! J'ai tordu la jambe de Robix !

Tout doucement,
Camille pose Robix à côté de Panpan.
- Je vais retrouver ma trousse de docteur
pour vous soigner !

Avec un pansement,
Camille entoure la jambe de Robix.
Il serre très fort les oreilles de Panpan
pour qu'elles redeviennent bien droites.

Ça y est, Robix et Panpan sont réparés !
Camille cherche sa dînette sous l'armoire.
- Je vais vous faire un bon goûter !

Camille installe tout le monde
autour d'une petite table. Maintenant,
sa chambre est bien rangée.
- Soyez sages, dit-il, je reviens tout de suite !

Sur la pointe des pieds, Camille va voir maman.
Il lui fait un gros baiser dans le cou.
- Ça y est, maman, je ne suis plus grognon.
Viens, j'ai une surprise...

- Je t'invite pour le goûter ! dit Camille.
En rangeant ma chambre,
j'ai retrouvé Robix et Panpan.
Mais, je n'ai pas trouvé de gâteaux...